국제PEN한국본부
창립70주년기념 시인선
25

홀로 기다리는 순간들

채홍정 시집

International PEN-Korea Center **pen**

국제 PEN 헌장

국제PEN은 국제PEN대회 결의에 따라 다음과 같이 헌장을 선포한다.

1. 문학은 각 민족과 국가 단위로 이루어지나, 그 자체는 국경을 초월하여 그 어떤 상황 변화 속에서도 국가 간의 상호 교류를 유지해야 한다.

2. 예술 작품은 인간의 보편성에 바탕을 두고 길이 전승되는 재산이므로 국가적 또는 정치적 권력으로부터 간섭을 받아서는 안 된다.

3. 국제PEN은 인류 공영을 위해 최대한의 영향력을 발휘해야 하며 종족, 계급 그리고 민족 간의 갈등을 타파하는 동시에 전 세계 인류가 평화롭게 살아갈 수 있다는 이상을 실현하기 위하여 최선을 다해야 한다.

4. 국제PEN은 한 국가 안에서나 또는 세계 여러 나라에서 사상의 교류가 상호 방해 받지 않는다는 원칙을 준수하며, PEN 회원들은 각자 국가나 지역사회에서 어떤 형태로든 표현의 자유를 억압하는 데 반대할 것을 선언한다. 또한, PEN은 출판 및 언론의 자유를 주창하며 평화시의 부당한 검열을 거부한다. 아울러 PEN은 정치와 경제의 올바른 질서를 지향하기 위해 정부, 행정기관, 제도권에 대한 자유로운 비판이 필수적이고 긴요하다는 사실을 확신한다. 이와 함께 PEN 회원들은 출판 및 언론 자유의 오용을 배격하며, 특정 정치 세력이나 개인의 부당한 목적을 위해 사실을 왜곡하는 언론 자유의 해악을 경계한다.

이러한 목적에 동의하는 모든 자격 있는 작가들, 편집자들, 번역가들은 그들의 국적, 언어, 종족, 피부 색깔 또는 종교에 관계없이 어느 누구라도 PEN 회원이 될 수 있다.

(사) 국제 PEN 한국본부 연혁

　국제PEN본부는 1921년에 창립되어 2023년 3월까지 145개국 154개 센터가 회원으로 가입돼 있는 세계적인 문학단체이다. 국제PEN본부는 영국 런던에 본부를 두고 있으며 특히 UN 인권위원회와 유네스코 자문기구로 현재 전 세계 문인, 번역가, 편집인, 언론인들의 표현의 자유를 옹호하고 인권 문제를 다루고 있는 단체이다.

　한국PEN은 1954년 9월 15일 변영로·주요섭·모윤숙·이헌구·김광섭·이무영·백철 선생 등이 발기하여 같은 해 10월 23일 당시 서울 소공동 소재 서울대학교 치과대학 강당에서 창립총회를 열고 국제펜클럽한국본부로 공식 출범하였다. 국제펜클럽한국본부는 그 이듬해인 1955년 6월 비엔나에서 열린 제27차 세계대회에서 정식회원국으로 가입하고 그해 7월에 인준을 받아 오늘에 이르렀으며 2024년 2월 기준 회원 수는 4,000여 명이다.

　(사)국제PEN한국본부(International PEN Korea Center)는 역사와 권위를 자랑하는 국제적 문학단체로서 회원들의 양심과 소신에 따른 저항권과 표현의 자유를 옹호하고 구속 작가들의 인권문제를 다루며 한국의 우수 문학작품을 번역,

세계 각국에 널리 알리고 우리 민족의 고유문화와 전통문화 등을 해외에 소개하는 한편 세계 각국과 문화 교류 및 친선을 도모하는 데 주도적 역할을 담당하고 있다.

1954. 10. 23.	국제펜클럽한국본부 창립
1955.	제27차 국제PEN비엔나대회에서 회원국 가입
	『The Korean PEN』영문판 및 불어판 창간
1958.	국내 최초 번역문학상 제정
1964.	PEN 아시아 작가기금 지급(1970년 제6차까지)
1970.	제37차 국제PEN서울대회 개최(60개국 참가)
1975.	『PEN뉴스』창간. 이후 『PEN문학』으로 제호 변경
1978.	한국PEN문학상 제정
1988.	제52차 국제PEN서울대회 개최
1994.	제1회 국제문학심포지엄 개최
1996.	영문계간지 『KOREAN LITERATURE TODAY』창간
2001.	전국 각 시도 및 미주 등에 지역위원회 설치
2012. 9.	제78차 국제PEN경주대회 개최
2015. 9.	제1회 세계한글작가대회 개최
2016. 9.	제2회 세계한글작가대회 개최
2017. 9.	제3회 세계한글작가대회 개최
2018. 11. 6~9.	제4회 세계한글작가대회 개최
2018. 8. 22.	정관개정에 의해 국제PEN한국본부로 개명
2019. 2.	PEN번역원 창립
2019. 11. 12~15.	제5회 세계한글작가대회 개최
2020. 10. 20~22.	제6회 세계한글작가대회 개최
2021. 11. 2.~4.	제7회 세계한글작가대회 개최
2022. 11. 1.~4.	제8회 세계한글작가대회 개최
2023. 11. 14.~17.	제9회 세계한글작가대회 개최
2024. 10. 29.~11.1.	제10회 세계한글작가대회 개최

국제 PEN 한국본부 창립 70주년 기념 선집을 발간하며

　국제PEN한국본부는 1954년에 창립되고 이듬해인 1955년 6월 오스트리아의 빈에서 열린 제27차 국제PEN세계대회에서 회원국으로 가입되었다. 초대 이사장은 변영로 선생이 맡고 창립을 주선했던 모윤숙 시인이 부이사장을 맡았다. 이하윤, 김광섭, 피천득, 이헌구 등과 함께 창립의 중심 역할을 했던 주요섭이 사무국장을 맡았다.

　6·25한국전쟁이 휴전된 지 겨우 1년이 되는 시점에 이루어 낸 국제PEN한국본부의 창립은 매우 깊은 의미를 담는 거사였다. 그동안 국제PEN한국본부는 세 차례의 국제PEN대회와 9회의 세계한글작가대회를 개최하며 수많은 국내외 행사를 주최해 왔다. 이에 지난 2024년에는 창립 70주년을 맞이하게 되어 그 기념사업의 일환으로 PEN 회원들의 작품 선집을 발간하기로 하였다.

　여러 가지 기념사업을 진행하지만 회원들의 주옥같은 작품집을 선집으로 집대성하여 남기는 일은 가장 중요하고 의미 있는 일이라 생각한다.

    시와 산문으로 구성되는 선집은 우리 한국문학사의 중요한 족적을 남기는 귀중한 역사 자료로서의 가치를 갖게 되리라고 믿으며 겸허한 마음으로 70주년을 자축하는 주요 사업으로 진행하게 된다.

    참여해 주신 회원들께 감사하며 어려운 여건 속에서도 기꺼이 출판을 맡아 준 기획출판 오름의 김태웅 대표와 도서출판 교음사의 강병욱 대표에게 심심한 감사를 드린다.

2025년 2월

국제PEN한국본부 이사장 직무대행 오경자

지은이 이야기

저가 서 있는 자리는 언제나 오늘입니다.
짧지 않은 한평생이 어찌 마음이 흡족하기 만할까요.
그럼에도 웃을 수 있는 건 함께 호흡하는 분들이 곁에 있기 때문입니다.
'별빛 보고 감사하면 달빛을 주고, 달빛 보고 감사하면 햇빛을 주고,
햇빛 보고 감사하면 영원히 지지 않는 천국을 준다'는 말처럼,
범사에 감사하며 여섯 번째 시집을 세상에 알립니다.

돌부리 차이고 거센 물살 휩쓸리며 오늘도 채워갑니다.
단 한 편의 시라도 독자로부터
나긋나긋 옥 굴러가듯 행복 꽃나비로
깊은 감동되길 간곡히 두 손 모으며.

짧지 않은 세월,
별들이 놀다간 창가 싱그러운 아침 향기 마시면
밤새 애태우던 꽃 한 송이 피어나
왠지 좋은 일이 올 것 같아 마음이 한껏 부풉니다.

이 모두가 지나간 슬픔, 기쁨도 함께하며,
마주할 세상도 같이할 분들께서 저를 기억해 주고,
제가 부르는 소리에 서슴없이 대답해 주는
셀 수 없이 많은 분의 덕분에 오늘이 있다고 여겨
감사와 고마움에 정중히 고개 숙입니다.

더더욱, 남달리 복에 넘친 사랑 준 분들께
정성껏 마음 다해 다소곳이 옷깃을 여밉니다.

차례

국제PEN헌장 / (사)국제PEN한국본부 연혁
국제PEN한국본부 창립 70주년 기념 선집 발간사

008 _ 지은이 이야기
139 _ 지은이의 발자취

1부 _ 홀로 기다리는 순간들
    017 _ 꿈같은 새날
    018 _ 고향 향수
    020 _ 남몰래 스민 가을 1
    022 _ 남몰래 스민 가을 2
    023 _ 군손님
    024 _ 내 갈 길 가리
    026 _ 봄비
    027 _ 홀로 기다리는 순간들
    028 _ 새봄
    029 _ 행복 나들이
    030 _ 사랑한다는 게
    032 _ 참 좋아
    033 _ 기억하고 새김하며
    034 _ 늙음은 아름다워
    035 _ 함박꽃
    036 _ 함박눈 내리면
    037 _ 잡초
    038 _ 시인의 어느 하루
    039 _ 입춘
    040 _ 속리산 하루 스케치

2부 _ 향기 넘치는 사람 되고프다

043 _ 꽃처럼 고운 사람들
044 _ 향기 넘치는 사람 되고프다
046 _ 잠시 스쳐가는 인연도
048 _ 사노라면
050 _ 낭만의 계절
051 _ 메마른 인정머리
052 _ 미더운 길동무
054 _ 봄꽃 향연
055 _ 나와 신발
056 _ 푸짐한 가을 맞아
058 _ 허물없는 벗에게
061 _ 좋을 수밖엔
062 _ 순댓국 연정
063 _ 옥계 폭포

3부 _ 그리움이 밀려오는 저 바다

067 _ 10월 멋진 날에
068 _ 농부의 땀방울
069 _ 눈부시도록 아리따운 4월
070 _ 뜻밖에 기적 같은 상우相遇
071 _ 사무친 그리움
072 _ 그리움이 밀려오는 저 바다
073 _ 이제야 알았네
074 _ 낮추고 비우니
075 _ 지나니 죄다 그리움 덩이
076 _ 차 한 잔의 여유
077 _ 천연天緣
078 _ 추색 단풍
079 _ 필연必緣
080 _ 황혼 노정路程
081 _ 새임 맞이
082 _ 봄
083 _ 이슬꽃
084 _ 저무는 가을에 서서
085 _ 자원봉사 2

4부 _ 올 가을은 이래 되련다

089 _ 춘장대
090 _ 죄의식
092 _ 올 가을은 이래 되련다
093 _ 가마솥더위
094 _ 소나기 기행
095 _ 행주좌와 行住坐臥
096 _ 여보 게 벗님네
098 _ 기도문
102 _ 추억이 감도는 2월
103 _ 인생길
104 _ 어쩌다 이 비참한 일이
106 _ 굳건한 반석 위에 높은 빛으로

5부 _ 영문 변역 시와 악보

[영문 변역 시]

110 _ 해돋이 / Sunrise

112 _ 세월 / Time

115 _ 겨울 바다 / A winter sea

116 _ 빗소리 / Sound of rain

118 _ 봄맞이 / Welcoming Spring

120 _ 단풍은 / Fall foliage is…

120 _ 봄은 진정 이풍경 / The true other scenery of spring

[악보]

124 _ 군자란

128 _ 해바라기 연가

130 _ 한여름 밤 그리움

133 _ 가는 계절 어이 탓하랴

136 _ 12월의 끝자락

1부
홀로 기다리는 순간들

―
모든 걸 멈추고
창밖 옷섶에 머문 달빛
한 세월에 묻어두고
너나없이 가버린 나날만큼
그리움에 솟구칩니다

꿈같은[1] 새날

홀림목[2]에
해사한 얼굴
눈빛은 매료로 빛나

식을 줄 모를
탐련한[3] 불잉걸
어디서 굴러온 복덩이

마음 깊이
새날로 싹트는
세상없는 씨앗 하나

엊빠른[4] 나달로
시들어가는 심장
다시 뛰게 한 그대여

1) 꿈같다 : '만족스러워 기쁘고 행복하다'로 해석 바람.
2) 홀림목 : 애교를 띤 가늘고 부드러운 목소리.
3) 탐련하다 : 이성 간의 사랑에 마음이 쏠려 온 정신이 빠지다.
4) 엊빠르다 : 정도가 넘고 처져서 어느 한쪽에도 맞지 않다.

고향 향수

고향은 늘 그림자처럼
그리움으로
사랑으로
저 먼 시선 밖에서
불꽃처럼 타오른다

물레방아 도는 맑은 시냇물에
멱 감고 피라미 잡던 곳 그대로고
배꼽마당* 윷놀이 즐기던 적 삼삼히
옛 그리움에 사무쳐
빈 하늘만 본다

세월은 정나미 없이 쌀쌀맞게 흘러
정답게 돌담길 따라
앞서거니 뒤서거니 하던
불알친구 다들 어딜 두고
나 홀로 덩그러니 서있다

서로 꿈 키우고 잔뼈 굵던 곳
붙잡고 싶은 노스탤지어nostalgia 것들이
죄다 나달 덤불에 덮여

아련한 기억들
별빛에 반짝 빛날 뿐

더욱 가슴속 뭉쳐 애끓는 건
겨울 들판 가득 채우고 남을 다순 사랑에
어느 가뭄에도 마르지 않는 샘물에
목적시고 자란
어머니 품속이더라

– 2023년 3월 8일 미래 세종일보

* 배꼽마당 : 동네의 한가운데에 있는 마당.

남몰래 스민 가을 1

새벽녘 겨우 잠들던
무더위 이젠 간곳없고
창문 닫게 한 선선한 바람
가을이 여름을 집어삼켜

길가 멋대로 어우러진
풀 위 살며시 앉은
새벽 영롱한 이슬방울에도
가을이 성큼 옵니다

밤낮없이 구슬피
들려주는 풀벌레
노랫소리 여음에도
가을이 아낌없이 스밉니다

그리운 사람 함께라면
꽁보리밥 된장찌개 비벼도
사랑이 알차게 영그는 가을
가을이 그저 행복합니다

나뭇잎 고운 색깔 보며

낭만에 젖음은
한창때나 지금이나
같은 마음 기찰 노릇에

경솔한 이전을 반추한
올가을 같은 날이
또다시 온다 하여도
지금처럼 성숙한 교감 못 느낄 게야

남몰래 스민 가을 2

사랑이 잘 익은
노랫소리에 피어나는
국화 향 짙은 가을

나뭇잎 곱게 물들어
떨어져 쌓일 적마다
그리움도 함께 쌓여

그대와 벤치에
정답게 마주앉아
낙엽 띄운 차 한 잔의 여유

마음 한껏
새로이 기꺼워
무한량 커가는 설렘들

군손님

꽃바람 불면
무척 눈꼴사납게
어김없이 찾아오는 군손님*

황사에 송홧가루가
자기 세상 만난 듯
무차별 여력 과시

그 꼴값에 춤까지 추며
무지막지
온 누리를 휘어잡아

속수무책
고스란히 당하고 마는
우리의 현실

어쩌면 달갑지 않는
감내 몫에 살아가야할
우리네 숙제인지 몰라

* 군손님 : 오라고 하지 않았는데 찾아온 손님. (비)불청객(不請客).

내 갈 길 가리

백의白衣 순결한 민초
공깃돌에 놀아나
비위 맞추는 서글픈 미소
가식 없는 참삶이랴

뚝심 끝 간 데 없이
그리움 적셔진 긴 나날
세상 물정 능통치 못해
고개 숙인 몫에
맘껏 웃어야 옳을지
실컷 울어야 풀릴지

험한 산골짜기 길이어도
덮어준 다스한 사랑에
쌓여오는 그리운 정에
의義 주린 목마름 채우려는
고뇌 다진 값어치 찾고프다

별의별 서럽고 힘든 날
열정에 찬 금쪽같은 시간들
예쁘게 꿈꿨던 바램

다시 가라면 못 감에
이 끈 죽기 살기 부여잡고

눈물 펑펑 쏟고 또 쏟더라도
찬란한 푸른 광야 향해 달리련다
꽃처럼 아름답게
산처럼 너그러이

불 짚어 가꿔온 기름진 땅
축복송 받으며
하늘 구만 리 날갯짓
두둥실 꽃바람 타고서
해처럼 마냥 빛나고 싶다

* 시작 노트 : 4권의 사전(속담, 고사성어, 익은말, 순우리말) 출간 후 피력한 시임.

봄비

봄비가 내린다
오랜 동면에서 깨어나
만물을 회생케
감로수 단비가 내린다

빗방울이
가지마다 사랑 속삭여
온갖 꽃망울을
화사하게 꼬드기고[1]

다그치는[2] 빗소리 함께
앞 다퉈 빠길[3]
새싹 거드름 피우면
놀란 산하도 뒤법석[4]일 테니

봄비 더불어
움츠렸던 우리 맘과 몸도
꽃길 오순도순 거닐며
기지개 활짝 켤 날 올 거야

- 대전 문학 2021년 봄호
- 2021년 3월 28일 금강일보 독자의 詩 게재

1) 꼬드기다 : 어떠한 일을 하도록 꾀어 부추기다.
2) 다그치다 : 요구하며 마구 몰아붙이다.
3) 빠기다 : 우쭐거리면서 자랑을 하다.
4) 뒤법석 : 여럿이 몹시 소란스럽게 떠듦. (비)야단법석.

홀로 기다리는 순간들

스쳐가는 찬바람에
외로운 나목처럼
기약 없이 기다리다가
저만큼 아파 흐느끼곤 합니다

어둠 속 길손 되어
고달픈 걸음 눈물 머물면
얼룩진 기다림에 목메어
꿈길 속 달려가 나를 부릅니다

모든 걸 멈추고
창밖 옷섶에 머문 달빛
한 세월에 묻어두고
너나없이 가버린 나날만큼
그리움에 솟구칩니다

비바람에
널브러진 꽃잎 밟으며
뜨거운 손 마주잡던 그날이
욕심에 부족함 없이 되뇌 봅니다

- 한국문인협회 월간문학 통권623 2021년 1월호
- 대전문학 2021년 가을호

새봄

봄볕 따스하여
사랑에 목마른 이처럼
가슴 벅차게 설렌다

어여쁜 꽃들로 하여
나 또한 새 보람 안고서
하염없이 널 맞으리라

꽃물에 젖을 그리움
너와 더불어
한껏[1] 꿈같이[2] 춤추며

1) 한껏 : 한도에 이르는 데까지로 해석 바람.
2) 꿈같이 : 만족스러워 기쁘고 행복하게.

행복 나들이

힘들 때 마음속
생각난 사람 있다는 게
행복한 순간

같이 마주앉아
커피 마실 사람 있다는 건
복에 겨운 충만의 여유

할 일이 있고
사랑할 사람 있다는 것은
복에 넘친 모멘트

행복 나들이란
너그러움에서 출발하는
귀요미*마음

* 귀요미 : 예쁘거나 애교가 있어 사랑스러운 사람.

사랑한다는 게

사랑이란 게
시작만 있고
끝없는 숫눈길*인 줄 알았네

세상에서
가장 쉬운 건
사랑하는 것인 줄 알았네

가진 게 없어도
언제나 마음만 주면
마냥 기쁨인 줄로 여겼네

바다보다 넓어
받고 받아도 더
목마른 건 여전할 줄로 느꼈네

마음에 가득 쌓아놓고
가슴에 소복이 모아놓고
지니면 그저 그만인 걸로 생각했는데.... ,

쌓고 모아놓고 달아날까

어쩌나 꼭꼭 가두었더니
차츰 시들어 가더이다

때론 바람도 쐬고
가끔씩 물도 주고
때때로 자유로이 놓아주며

마음 비우고
더러 영혼도 놓아주며
죽을 만큼 아픔을
수도 없이 거듭한 뒤에야
바보같이 그제야 무릎 쳤네

모은 만큼 퍼내야 하고
쌓인 만큼 내주어야 하고
아픔만큼 아파야 하는
한없이 달콤한 사랑이
그 무엇보다도 한결 어렵다는 걸
– 2023년 12월 18일 미래세종일보

* 숫눈길 : 눈이 내려 쌓인 뒤 아직 아무도 지나가지 아니한 길.

참 좋아

함께 머무르면
가는 시간 야속스레
아쉽던 안달

낮이면 꽃 따라
밤이면 별 따라
너무나 기쁨 넘쳐

달뜨는 창가
수많은 별들도 부럽다던
짜릿한 여운

똑소리 나게
송두리째
보듬어주는 감격의 찰나

언제나 달콤한 숨결
곁에 있는 것만이 더덜없어*
흐드러진 웃음 천지

흐뭇한 극치
누리엔
온통 사랑 잔치뿐

* 더덜없이 : 더하거나 덜함이 없이.

기억하고 새김하며

사라져간 것들이
다시 되돌아올까 하여
기억을 등에 지고 걷는다

기억의 속도보다
빨리 아주 빨리
걸어가야 하나 보다

이제 보여줄 수
있는 것은
지나간 뒷모습뿐

발걸음마다
수많은 내 말들이
아름답게 피었다 진다

늙음은 아름다워

머물기 싫다면 닿을 곳 찾아가고
가기 싫으면 머문 곳 그대로
바람 같이 살 수 있는 특권
늙음이 아니면 어이 누리랴
뉘에게 구속받을 리 없어
지난날 불쏘시개 삼아
물 같이 살 수 있는 자유
늙다리 아니곤 어이 맛보랴
서라벌 달빛 아래
밤늦도록 노닐던 처용처럼
춤추고 노래해도
어느 뉘 욕하지 않아 무얼 더 바라랴
고향 가는 길목
비가 와야 도랑물 흐르고
가을이 와야 단풍 드는
계절 따라가야 하는 세월
겸연쩍고 부끄럽지 않게
내가 웃어야 거울이 웃듯
우리 열린 눈과 귀 깡그리 열어 정겨운 세상
맛깔난 일조─助를

함박꽃[1]

누리의 것 죄다
탐스레 독차지한 맵시
자르르 흐르는 귀티

널 보는 순간
우아하고 곱디고와
어쩜 그리 화사한지

네게 푹 빠져
터질 듯 쏟아지는
산드러진[2] 순간들

나달이 갉아먹어
호젓하다 못해 고독한 일상
사르르 녹게 한 너

1) 함박꽃 : 작약화(芍藥花)를 이름.
2) 산드러지다 : (형)태도가 맵시 있고 경쾌하다.

함박눈 내리면

세상 으뜸인
가장 소중한 존재
그대가 없다면 나도 없어

하얀 눈 순결 위에
나만이 그대를
무심코 적어본 이름

단비처럼 감미로운
그대 이름에다
큼지막 하트도 그린다

늘 해맑은 미소로
고고함 본디 그대로 지닌
가없는 그대이기에

잡초

제멋에 놀아난
쓸모없는 잡것 불가해

좋은 평 못 받아
밟히고 차여도 괜찮아

생명을 잉태한 땅에
천한 신세나

때론 향기도 있고
가끔 푸른 대지 서열 서며

눈치껏 꺾일 줄 알고
있는 듯 없는 듯 사니

잘나고 못나고
뭐가 그리 대단하랴

지나친 탓 마오
뉘나 가는 세월에 쫓기긴 같잖소

- 문학사랑 2021년 가을호
- 투데이플러스 2021년 7월 12일 게재

시인의 어느 하루

스마트 세상 탓에
세월이 갈수록
책 읽는 사람 보기 드물다

글쟁이답지 않게
감성마저 메말라
모든 게 무덤덤한 즈음

우편함에
편지 한 통 꽂혀있다
원고 청탁이다

'가뭄 끝에 단비'라
설레어 가슴이 뛴다
첫사랑한 때처럼

예나 다름없이
한달음에 써 내려간다
여전히 숨은 쉬나 봐

입춘

열두 달 중
이틀이나 작은 2월은
심성이 곱고 아주 당차

제아무리
움츠린 겨울이 길어도
조금도 기죽지 않아

새아씨답게
사리살짝 사뿐
봄소식 홍 부추겨

마음은 벌써
온 누리 봄이 온양
들뜬 심사

속리산 하루 스케치

늦가을 속리산
숲 속 길 걸으니
온 산천이 한껏
울긋불긋 단풍 내음 물컹하다

옛 추억 못 잊어
이곳 찾아왔을까
신비로운 세상 만나러 왔을까
세월은 잔인하게
모두 이리 두고 떠나는 건지

이제야 보이는
인제서 무릎 친 깨달음
난 작고 보잘것없어
기억해 주는 희망나라에
잠자코 꽁냥꽁냥* 살고 싶음을

- 문학사랑 2021년 봄호

* 꽁냥꽁냥 : 연인끼리 가볍게 스킨십을 하거나 장난을 치며 정답게 구는 모양.

2부
향기 넘치는 사람 되고프다

―
귀한 만남 인연 가슴 안에
길이 잊힐 리 없도록
살포시 떠오르는 얼굴로

누구나 그리워하고
누구든 그리워지는
향기 넘치는 사람으로

꽃처럼 고운 사람들

삼복더위 식지 않은
7월 늦은 오후 꽃가게 들렀다
싱그러운 꽃 냄새가 가득하다
꽃을 고르는데
"뉘에게 선물하실 건데요"
주인아주머니 물음에
"오늘 며느리 생일이라서"
"며느리 사랑 시아버지라더니
참 멋쟁이시군요"
박수소리에 뒤돌아보니
꽃 사러 온 사람들이다
꽃집 나오며 고개 숙여 답례하니
"아저씬 언제나 웃음 가득한 나날일 거요"
꽃처럼 고운 사람들로 하여
오랜만에 마냥 흐뭇함이 넘친다

향기 넘치는 사람 되고프다

몇백 년 살 것처럼
착각에 욕심꾸러기
어리석은 인생

잡을 수 없는 세월
어디로 흘러가나
정착지 없는 구름 같이

사는 동안
만나고 헤어짐 연속 속
공으로 와 공으로 가는 인생

뉘에게 어떤 의미의 사람이며
사람들 맘속에 어떤 존재인지
돌아보니 허허롭다

이제라도 고운 생각주머니에
누구에게나 문득문득
그리워지는 사람 되고프다

얽히고설킨 사랑
살아 있을 적 아끼고 사랑하자
지난 헛된 꿈 굴레 벗고서

귀한 만남 인연 가슴 안에
길이 잊힐 리 없도록
살포시 떠오르는 얼굴로

누구나 그리워하고
누구든 그리워지는
향기 넘치는 사람으로

— 문학시대 2022년 봄호

잠시 스쳐가는 인연도

다시 뒤돌아보지 않을 듯
마지막인양
등 돌린 인연도
언제 어떻게 만날지
혹여, 영 만나지 못하더라도
좋은 기억 남기고 싶다

실 날 같은 희망 준 사람도
설렌 가슴에 스미어 든 사람도
칼에 베인 듯 시린 상처 남긴 이도
떠나는 뒷모습은
서로가 아쉬워지는 순간 되고프다

삶이 강물처럼 고요히 흘러
어제께 헤어진 아픔이
언젠가는 잊힐 테고
세월이 날개 달아
변해 가는 게 진리일지라도

오늘을 살아가는 인연아
반겨 맞고 반겨 보냄이

가끔 가만사뿐
그립고 설레는
그런 고마운 인연이 되고프다

사노라면

사노라면
늘 가슴 한컷에
마냥 느끼리만큼
애틋한 그리움 없는 이 있으랴
철마다 신비에 눈 시려
허기진 맘 달래는 거지

사노라면
어깨 마주 껴안곤
참았던 눈물 쏟듯
보고 싶던 이가 어찌 혼자이랴
가슴 속에 감추고 잊은 척
애써 웃는 거지

사노라면
잊힐 수 없이 목메어
눈물로 씻어도 씻기어지지 않을
슬픔 한 자락 없는 이가 어이없으랴
덧없는 삶 굴레 버텨온 탓에
덧입혀져 잠시 지운 거지

사노라면
손에 돋은 티눈처럼
없애려고 애써도 남아 있는
가시지 않는 상처받은 적 없을쏘냐
더불어 사는 보듬은 도타운 온정이
축복의 무지개에 묻힌 거지
　　　　　　　－ 투데이 플러스 2024년 5월 8일

낭만의 계절

한 계절 끝자락
차 한 잔에 심신 달래니
숨어든 바람에 갈대숲은 은물결 반짝거려
오곡백과는 수줍어 고개 숙인 계절
때 알아 떠날 적 미련 없이 버린 나뭇잎
어느 뉘 못 잊어 저다지 타는 불꽃
맑은 햇살 여무는 갈 길섶 서성이니
삶 무게만큼 한량한 맘
들뜬 심사 다닥치는 대로
마냥 어디고 떠나고플 뿐

메마른 인정머리

주말이면 더욱이
창문 틈 사이
오르고 내리는 이삿짐 소리

간다고 요란스레 한들
서로 정 오간 적 없어
듣고도 못 들은 척
가든지 말든지

온다고 심심찮게 들려줘도
첫낯 반길 그림자마저 얼씬없이
들은 건지 못 들은 건지
까짓것 오든지 말든지

너나 나나
닭장 안에
둥지 튼 사람들 찬바람
가거나 오거나

내가 뻔질난 낯가림
단 한 번도 없이
지내온 터라
남인들 날 알려고 발소리 내랴

  − 2023년 1월 4일 미래 세종일보 게재
  − 2023년 1월 9일 투데이플러스 게재

미더운 길동무

채팅 방 만나는 분은
세수 안 해도 흉 없고
심지어 내복 바람도 괜찮다

아침에 눈 뜨자마자
'누가 좋은 걸 보냈냐' 며
핸드폰부터 연다

더불어 사는 정보화 시대 걸맞게
세계 멋진 풍광 영상에 음악까지
공유는 이젠 예삿일이다

누가 행운 배달 메시지
별 것 아닌가 싶어도
여느 때 없이[1]
상쾌한 아침이 열리고

뉘가 좋은 일 넘치란
안부 인사
흔한 말처럼 여겨지나
때론 벅찬 용기 북돋아주고

누가 햇살처럼 빛난 말 한마디
구멍 난 마음에
꽃다발 아름 받은 듯
참참이[2] 새뜻하게 채워지는 기분

팍팍한 인생살이 하루 멀다고
정다이 주고받다가
뜸하면 어디 아픈지 할 정도로

날 찾아주는 분 있고
날 부르는 분 있기에
함께 신바람 절로난다

통하는 끼리 오가는
정겨움이 돋보인 길동무 덕에
돈 안 드는 엄청난 기쁜 웃음꽃

꽃 피는 보람
고마움 산등선 넘어
나날 센스쟁이[3] 되나 보다

— 대전문협 2022년 봄호

1) 어느 때 없이 : 보통 때와는 다르게.
2) 참참이 : 시간적으로 일정하게 사이를 두고 가끔.
3) 센스쟁이 : 어떤 사물이나 현상에 대한 감각이나 판단력이 남보다 뛰어난 사람.

봄꽃 향연

숨 쉴 짬 없이 그리던 봄
그리 복대기더니
이리도 고울 수가

꽃내음 물씬해
눈부심 절로 자물쳐*
들뜬 심사 갈 곳 잃어

꽃 정취 묻혀
하루 내내 눈 호강
입 찢어지는 감탄

만끽함 이대로
가슴속 오래오래
꽃물결 파도로 버무리

* 자물치다 : 얼마 동안 정신을 잃고 죽은 것처럼 되다.

나와 신발

헤일 수 없이
녀석에 몸 의지하고
돌아다녀도
여태껏 고마운 걸 몰랐네

고린내 난 양발보다
낮은 곳에서도
불평 한 번 없이
늘 내 몸 깍듯 떠받쳐주는 녀석

몰래 간 나이트클럽까지
간 곳 낱낱 알지만 의리엔 굿에
밤 지새우며 현관 지킴이로
기다려 주면서
내가 있나 없나 알려 주는 녀석

고마운 것만큼
바르게 열심히 가리라
내가 가는 길이
녀석도 함께니

푸짐한 가을 맞아

그리 무덥던 여름 가고
낭만과 사색의 계절
그리움 감도는 가을
맑은 영혼 인연 하나
곁에 두고 즐기련다

가지런한 옷매에
애수 짙은 눈동자에
노을빛 그리움이
파도로 밀려드는 바램을

가는 세월
거슬러 가고 싶은
자그마한 저항일까

산들산들 갈바람
파란 하늘이 담긴 호숫가
예쁘게 단장하는 산과 들
온갖 마음
오색단풍 물들 수는 없을까

켜켜이 쌓인 인생길
검게 그을린 상처와 흔적
세월에 잘 숙성되어
그대 눈물과 한숨까지도
담아낼 여백이 넉넉토록

함께한 하얀 설렘들
빨갛게 익어 뭉클함이
가슴을 살짝 얄궂게 할
낭만의 날이 올 수 있도록

나잇살 더 먹기 전
차디찬 겨울 오기 전
정다이 낙엽 뒹구는 거리 거닐며
자지러지*는 추억 꽃동산을

* 자지러지다 : 여기서는 '정교하고 아름답다'로 해석.

허물없는 벗에게

다정스레 맞잡은 손
진솔 나눌 수 있는
정다운 벗이 있기에
고맙고 감사해 나날 보람차네

삶 길목 수없이 많은 사람 중
바람 타고 구름 따라온 인연
기대고 의지하긴
더없이 깊어진 좋은 우리 연분

때론 스승 같은 마음에
때론 연인처럼 애틋한 마음에
때론 형제 같은 진한 마음에
때론 오누이 같은 사랑에

서로 아름답게
아침저녁 오가는 안부 속에
알뜰살뜰 다정한 세상 누려 가세

모진 바람 스쳐 고단한 삶에
변하는 게 사람 마음이라지만

우린 늘 송죽 같아
반추로 쌓인 정 힘 실어준 벗이여!

세월이 흘러도 눈 뜨면
떠오르는 벗이 있다는 게
늘 생각나는 벗이 있는 건
이보다 행복덩이 어디 있으랴

시간이 부쩍 빠른 걸 느끼네
더디 간들 혼내줄 리 없으니
천천히 오순도순 얘기 나뉘고 가세

좋지 않아도 가는 게 시간이고
바라지 않지만 야속스레 빠른 세월
세상 그 어떤 시간보다
지금 이 시간이 최고고 으뜸이야

창밖 철 따라 변화는 걸
여유롭게 노래하고 노닐면서
시냇물 소리 귀 기울이고
구름 흐르는 사연 새겨들으며

긍정의 삽질로
감사와 고마움 한껏 북돋아
환한 너털웃음에
겸허한 맘 줄곧 가세나

남겨둔 세월 한결같이
맛깔난 나날 깍듯이 챙겨
건강에 복된 고운 사랑
촉촉이 내내 이어가세나

언제라도 손 내밀면
잡힐 듯한 지난날
도란도란 새김하며
주거니 받거니 실컷 꽃 피우세

좋을 수밖엔

실개천 둔치 앉으니
세월의 향기 따라
싱그러운 바람
고즈넉이 들려주는 건

제대로 성숙된
한 아름 풍성한 그리움
조건 없이 안기는 가을
삶에 대한 강한 의지가 여울진다
살그니 자연 품에

눈부신 은물결 잔잔히
시 한수 읊조림
덩달아 나도 익어가니
마냥 좋을 수밖엔...,

순댓국 연정

천근 오거리
충청도 말씨 아줌마
맛깔난 손맛
순댓국 깍두기 반겨준다

세월 뒷짐 지워놓고
한 잔에 시름 덜고
두 잔에 파릇한 새싹 돋게

한 송이 꽃 언어
주고받는 행복
스미어 젖는 시간이다

언제나 때 묻지 않은
소탈한 질뚝배기 뜨거운 정
마치 어머니 모습 떠올라
오늘도 못 잊어 찾나 보다

— 문학시대 2021년 여름호

옥계 폭포

소백, 노령산맥 분기점
깎아지른 월이산月伊山 자락
30m 절벽 내리 솟구친
저 물보라 속
선녀가 멱감고 노닌 듯

무소유無所有로
흩어지는 하얀 포말
시작 끝도 모를 진념
금강 따라 정토淨土 일궈 낸
폭포수는 영락없이
난계[1] 피리소리 홍타령

자연 비경 알려거든
물의 사연 버금간다 하니
여기가 바로
유유자적[2] 이로고

1) 유유자적(悠悠自適) : 속새를 떠나 아무 속박 없이 조용하고 편안하게 삶.
2) 난계 : 박연의 호, 조선시대 궁중 음악을 정비해 국악의 기반을 구축한 3대 악성의 한 사람, 박연이 즐겨 찾아 "박연 폭포"라 불리기도 함.
　소재지 : 충북 영동군 심천면 옥계리 고당리엔 난계 국악박물관, 난계 국악기 제작 촌, 난계사, 국악기체엄전수관 등이 있음.

3부
그리움이 밀려오는 저 바다

―
젊은 날 세끼 손가락 걸며 언약했던
가랑머리 소녀의 첫사랑이 삼삼해
옥죄어
드는 이 가슴
눈 시도록 그립다

10월 멋진 날에

눈부신 가을 맞아
높은 하늘 기분 째져

창밖에 솔솔바람
사랑이 가득하니

이처럼
기쁨인 줄을
세상에 또 있으랴

가끔씩 두려워져
떠날까 기도하지

널 보고 손잡고도
더 곁에 머물라해

널 만나
더는 원 없어
또 바램은 죄니까

농부의 땀방울

고향 뜰
햇살들이
논둑에 푹 머물면

밭고랑
휘돌아 온
흥타령 풍년노래

살맛난
빠른 손놀림
흙냄새가 북돋아

눈부시도록 아리따운 4월

행복한 에너지를 가득히 뿜어내는
새로운 예쁜 봄날 꽃 세상 유혹 당해
고개만
조금 돌려도
색색 고운 꽃 천지

봄바람 꽃 벙글어 온 세상 꽃대궐에
번지는 꽃 잔치에 정말로 얼싸 좋다
제풀에
짓무르도록
화사스레 눈부셔

온 누리 꽃 더미로 수놓은 봄날이여!
혼자선 감당하기 너무나 벅찬 기쁨
천천히
좀 쉬어가자
4월을 더 흥나게

- 가람문학회 2024년 45집

뜻밖에 기적 같은 상우相遇

카톡에 통한 끈 줄 상주 벌 경천대서
상우의 반색 얼굴 뜻밖에 놀란 가슴
낙동강
저 푸른 물도
얼싸 좋아 춤추네

오늘의 만난 기적 끝 모를 이 기쁨아
망구望九의 나잇살이 이토록 좋을 줄은
비단옷
꽃길 걸은들
어이 여기 비하랴

사무친 그리움

세월이
마술 같아
짓궂게 오고 가며

변하고
사라짐을
어느 뉘 막으랴만

사무친
그리움들은
잊힐 리가 있으랴

그리움이 밀려오는 저 바다

젊은 날 세끼 손가락 걸며 언약했던
가랑머리 소녀의 첫사랑이 삼삼해
옥죄어
드는 이 가슴
눈 시도록 그립다

지금도 선창가에 연락선 슬픈 여운
정겨운 사연 되뇌 파도에 반짝반짝
새롭게
휘감고 돈다
규후하던* 모습이

* 규후(叫吼)하다 : 크게 소리를 내어 울며 부르짖다.

이제야 알았네

온몸이
나달을 앓고서야
이제야 알아차렸네

그 잘난
욕망의 불꽃도
한갓 부질없는 걸

구름은
흘러야 운치 있고
사람은 베풀어야 보람됨을

낮추고 비우니

생각에 불만 없어
사는 게 즐겁고 기쁨 넘쳐
늘 감사한 맘뿐

한결같은 햇살에
아랫목 같이 다슨 고마움에 반해
세찬 바람 불어와도 언제나 흐뭇타

맑디맑은 하늘 아래
저 높푸른 호수처럼
남을 먼저 생각하는 너그러움
머문 곳마다 죄다 꽃다운 세상

지나니 죄다 그리움 덩이

왕복 없는 인생길
사는 동안
더 무얼 바라랴

어김없이 풍겨오는
자연 숨결 속에
내남없이 넘치는 축복

오늘도 매 순간
어제보다 보람찬
기쁨의 손짓에
거듭되는 신비로운 세상

나잇살 짙을수록
참사랑 새로운 기적
그리운 새싹 속속들이 감미로워

도탑게 쌓이는 삶 참맛
더없이 누리 넘쳐
지나니 죄다 그리움 덩이

차 한 잔의 여유

해맑게 감미로운 곳에서 다슨 입김
눈부심 피어나게 향기가 매료시켜
마주한
빈 잔속에도
사랑 가득 넘치네

조그만 행복 담은 찻잔에 그리는 맘
당신의 사랑 존재 자체가 행복임에
함께한
당신과 같이
영원토록 머무리

천연天緣

꽃피는 다슨 새봄
천연 끈 그물 안에

별 달빛 올을 뽑아
짜인 비단길 따라

꽃수레
타고 가는 길
몸 둘 곳을 몰라라

내 안에 네가 있어
더없는 환희 물결

온 산하 온기 넘쳐
끝 모를 나래 펴니

미소 진
꽃방석 앉아
행복 겨운 콧노래

  － 2021년 3월 16일 (주)파빅스 이사 徐在龍과 양아들 인연의 시조
  － 문학사랑 2021년 겨울호

추색 단풍

꽃보다 곱디고워 모두를 사로잡아
사방이 울긋불긋 가던 길 우뚝 멈춰
하늘 위
파란 쪽빛이
기막히게 눈부셔

곱게도 덧칠하는 맵시에 반해 버린
길손들 감탄사에 터지는 탄성 절로
갈바람
실컷 붙안고
너나없이 즐기자

- 2023년 11월 12일 미래세종일보

필연必緣

잡아도 붙안아서
놓이긴 싫은 순간

낙동강 줄기마다
퍼지는 감탄 풍신風信

어딜 가
머물더라도
오늘 같이 빛나랴

오던 길 되 가라면
그냥은 안 가리라

반가운 눈시울에
젖어든 벅찬 심정

더 가꿔
한껏 뜻 모아
천년지기 살고파

— 2022년 10월 22일 상주 경천대서
김숙자 해설사/시인 만남의 시조

황혼 노정路程

누군가 유별나게 재촉치 안 건만은
뭐 하나 한 것 없이 제야 종소리 따라
한 해가
벌써 가나 봐
숨 가쁘게 덩달아

깨우친 속삭임에 흐느낀 삶의 노정
지난날 힘겨움을 모두 다 훌훌 벗어
그 큰 짐 풀어놓으니
버릴 것만 쌓인다

뉘인들 그러하듯 우리는 늙기 마련
돌아보면 흔적 없는 시간들 아쉬워서
세월이
빚어내어 준
달콤함만 더듬어

– 문학시대 2021년 봄호
– 2021년 1월 4일 투데이플러스 게재

새임¹⁾ 맞이

잊었던 나달²⁾
다시 달뜨는³⁾ 봄날

꽃향내 흠뻑 젖어
마냥 설렌 기쁨 덩이

마음을 송두리째 훔쳐가
하나로 버무려는 꿈 동산

바람 송아리 활짝 피어다오
그지없이
향기롭고 해맑게

1) 새임 : 새로 만나고 사귀어 사랑하게 된 사람.
2) 나달 : 날과 달이라는 뜻으로 흘러가는 세월을 비유적으로 이르는 말.
3) 달뜨다 : 마음이 가라앉지 않고 들썽거리다.

/ 오늘 여사로부터 연락 오리라 믿고 줄곧 기다리며 2월 2일 우리 만남을 읊은 것입니다. 날씨가 보통이 아니네요. 옥체 보존 빌면서 이만. /
- 당신을 알고픈 이로부터

봄

바람 살랑살랑
햇살 따라 방긋
다시 온 내 사랑

산골짝 개여울
뽕나무 밭 지나
미나리꽝 다다르면

침묵만 일관하던
길고 어두웠던 겨울은
남의 나라 이야기

다소곳이 품었던
아지랑이 꽃신
풀밭에 내놓으려니

에구머니 부끄러워
수줍은 홍매화
반만 열어 하늘을 본다

* 새임 맞이 답장 시임.
  혹여 한마디 말없이 여기 실음을 너그러이 양지하시길.

/ 빨리 봄이 왔으면 좋겠습니다. 선생님 고맙습니다. 제 마음에도 2018년 봄바람이 스친 듯합니다. 햇살 가득한 풀밭 거닐던 첫날이 생각납니다. 깊어가는 밤 고운 꿈 엮으시길 바라며 내일 뵙겠습니다. /

이슬꽃

너무 많은 짜릿한 나날이
감미로이 흠뻑 젖던 두 가슴

웃음폭탄에 기쁨 폭탄까지
더 바랄 게 없는 우리 사이

곁에 두고서 설렌 날 그린
잊힐 수 없는 너랑 나랑 꿈

운명의 수레바퀴 나래 펼수록
더 선명한 꿈의 궁전

덧없는 인생사 두 마음이
찬란히 수놓은 별숲 속에

은하수 물결 빛난 눈동자
새벽안개 해맑은 이슬꽃인가

저무는 가을에 서서

세간의 멋과 맛
풍미로 살찌는 계절
신묘함이 역력하다

지난날 묻어두고 가는
가을을 보라
얼마나 대견스러운지

늦가을 상냥한 소녀야
이 찻잔 가득히
영근 삶 빛난 작품에
소풍 같이 사는 인생에
정향*을 담아보렴

— 대전문학 2021년 봄호

* 정향(丁香) : 말린 정향나무의 꽃봉오리.

자원봉사 2

공손한 미소로
남몰래 몸소 실천은
어두운 곳 빛
풋풋한 온정

스스로
겸손의 희생 미덕은
모두가 더불어 살아야 할
으뜸가는 주춧돌

서슴없이
나눠는 곳엔
뜨거운 사랑 넘친 평화로
다사로운 세상

— 대전펜 2021년 38호

4부

올 가을은 이래 되련다

―

찻잔 속 녹아든 샛노란 국화꽃 내가
오래 가도 그대로인 관계로
바람에 흔들려도 기품 있는
산등성 은빛 억새같이

춘장대

첨 느낀 향수 그리워
이러구러[1] 일 년
시나브로 사무침
한달음에 온 출렁인 가슴

밀리고 밀려가며
몸 맡긴 낭만 세계
이 젊음 무한한 포옹
진객들 귀 열기 가붓하다

너나가 어이 따로 있으랴
흐뭇하고 통쾌 상쾌한 기분
자지러진 정겨운 웃음바다
아 춘장대야

파도는 여전히 부추겨
시원한 물보라 엄벙통[2]
포말 자긍심
올여름이 이렇게 가나 보다

1) 이러구러 : 세월이 이럭저럭 지나가는 모양.
2) 엄벙통 : 어리둥절하여 정신을 차리지 못하는 판국.

죄의식

한겨울 구들더께 밥벌레 신세 이 나잇살 되도록 세상 잘못 살았나 봐, 양지쪽 앉아 세금 없는 햇살에 바람을 온몸 잔뜩 받은 이처럼, 까치가 날아와 우짖어도 좋은 소식 오려나 기다려 봐야 하루 내내 스마트 폰 매만지며 TV 못살게 하는 늙다리 만날 그 모양 그 타령 관절 통증에 연골주사 맞으려 간 사이,

직장생활 바쁜 며느리 밑반찬을 냉장고 가득 넣고 갔다. 식탁 위 쪽지 "아버님 끼니 꼭 챙겨 드시고 강건하세요." 가슴이 뭉클하다 못해 고맙고 기특하기까지, 지난날 등 휘도록 구겨진 삶에 자식 커가는 재미 모르다 뒤늦게 가슴 촉촉 젖게끔 한 아들 며느리가 도맡아 염치없어 끼니부터 잘 챙겨야 하나보다.

어릴 적 손맛 입담 좋기로 소문난 어머니의 곰삭은 사랑 그리는 여운 뛰어넘는 감동, 자식 키운 보람 갈수록 옷깃을 적신다. 부모님 한없는 사랑 억누르지 못한 채 저 홀로 피었다가 저 홀로 지는 꽃처럼 갚음 잊고

지내온 죄의식 흉금 깊숙이 저미는 서러움 두고두고
한 맺혀 가슴 친다.

올 가을은 이래 되련다

서늘한 기운 옷깃 여민 계절
고즈넉한 이층 찻집에 마주앉아서
향이 모락 피어오른 찻잔에
말없이 눈빛만 오가도
행복이 절로 샘솟은 사이로
가녀린 맵시에 풋풋한 정감이 넘실거리는
코스모스마냥 본디대로 지닌 터수*로
가을 하늘 끝없이 공활해
그윽이 은은히 나래 펴
소탈함이 거리낌 없는 우리 사이로
찻잔 속 녹아든 샛노란 국화꽃 내가
오래 가도 그대로인 관계로
바람에 흔들려도 기품 있는
산등성 은빛 억새같이
겉보단 속이 알찬 생김새로
고고한 국화꽃 닮아
텅 비운 맘 청량한 하늘을
실컷 덥석 붙안고도 남는 사랑으로

* 터수 : 여기선 '서로 사귀는 분수나 처지'로 해석.

가마솥더위

찜통더위가
나날 새로운 기록 경신
정자나무에 앉아도
나뭇잎 하나 까딱 않는다

뙤약볕 지열
땀방울 송골송골 맺힌
숨 막히는 더위
계곡이, 바다가 불러
피서행렬 장사진이다

이젠 갈 곳만이 반겨
왜 자꾸 조급한 조바심
이내 심신 달랠
시원한 소나기 한줄기마저
왜 이리 감감소식

소나기 기행

소나기 잰걸음 재우쳐[1]
황순원 선생 순수, 절재, 국어사랑
속 빈 강정 겉똑똑이 어우렁더우렁[2]
소나기식당에 점심 비비대기치고[3]
글과 흙의 만남 잔아박물관
한국, 세계, 아동 문학관 부랴사랴[4]
소나기 일정 기약 없는 찻잔 정 담고
실학대가 총망라한
실학박물관 실사구시의 정신
겉가량 훌쩍 휘돌아보곤 돌아서니
아둔패기[5]마냥 아수룩한 문인들이여!
보암직한[6] 걸 쉬이 여기지 마라며
높은 갈 하늘 손짓하는 코스모스
비웃음 치며 한들한들

1) 재우치다 : 빨리 몰아치거나 재촉하다.
2) 어우렁더우렁 : 여러 사람들과 어울려 들떠서 지내는 모양을 나타내는 말.
3) 비비대기치다 : 바쁜 일을 처리하기 위하여 부산하게 움직이다.
4) 부랴사랴 : 매우 부산하고 황급히 서두는 모양.
5) 아둔패기 : 지혜롭지 못하고 어리석은 사람, 즉, 아둔한 사람.
6) 보암직하다 : 볼만한 값어치가 있다.

행주좌와 *行住坐臥

함께한 지난날들
마냥 좋고 좋아
외로울 때면 더
서로 손잡아 빛 되어 준 우리

못쓸 못난 바보라도
미워할 수 없어
그림자조차도
왜 이리 함께하는 사인지

눈 가는 곳마다
올곧은 천성에 푹 빠진 정
두 가슴 남몰래 뜨거워
천사 보금자리
사랑에 잠든 아리따운 극치

내 안에 그대 터줏대감
그대 맘 토닥토닥 붙안고
달콤 촉촉 가슴 가득 스미며
더해 가는 이 기쁨

* 행주좌와 : 걷기, 머물기, 앉기, 눕기 등 사람의 일상적인 움직임.

여보게 벗님네

별 게 없어 재미없다 말고
짬짬이 만나 이런저런 얘기로
모자라면 서로 받쳐주고
넘치면 나눠주고
힘들면 서로 어깨 기대고 가세
우리 사이 어쩌다
잘못된 편견, 아집 있다 하여
서운해 돌아서거나 외면 마세
맞고 틀리는 게 문젯거리 될게 뭔가
끝낼 일 안 볼 일 어디 있다냐
불지 않으면 바람이 아니고
늙지 않으면 사람이 아니며
가지 않으면 세월이 아니잖아
기약 없는 우리 인생
땡감도 떨어지는 종잡을 수 없는 세상
잡으면 놓아야 할 것 깨닫는 나이
들녘서 불어오는 한 줌 바람에
괜스레 눈시울 붉어져
겉은 번지레 보이나
가슴 속은 텅비어가는 나이
눈가 자리 잡은 주름이 퍽이나

친숙케 느껴지는 나잇살
얽힌 인연 끈 함께 돌돌 말아
투박하고 박식해도 좋으니
격 없이 그저 둥글둥글 가세나
이름 석 자 남기자고
몸 아프면 아무 소용없잖아
같이 손 맞잡고 몸성히
남부럽지 않게 못살아도
사심 없이
남 것 탐 말고
아름다운 삶엔 벗이 최고니
우리 사이 복덩이 돼 너털웃음 멎지 않게
서로 보듬고 아끼고 사랑하여
목소리만 들어도 기분 째지는 날로
잔 부딪히면 더 즐거운 시간으로
세상 더없는 멋진 우리로
서로를 비쳐주는 등불로
그래 세월 낚으며 가세나

기도문

거룩하시고 존귀하신 하나님 아버지
언제나 고맙고 감사하나이다.
우리 성도님 가정마다
늘 하나님의 사랑이 임하시어
봄 오는 꽃피는 3월이 되어
함박웃음이 넘치는 꽃길을 걷게 하시고
저희들이 만나는 모든 이들에게 미소로
언어엔 향기 있게 하시고
행동엔 겸손 있게 하시며
가치관으로 남을 판단 않게 하시고
작은 것들까지 소중한 마음 갖게 하소서
저희들 마음 깊은 곳에
이해와 따뜻한 동정의 마음을 주셔서
뉘를 미워하거나 노여워 않게 하시고
받는 것보다 언제나 주는 마음으로
받은 것은 기억하고 준 것은 곧 잊게 하소서
목마른 이에게 물 한 잔 주게 하시고
마음이 상한 자를 스쳐 지나치지 않게 하시며
도움이 필요한 이를 외면 않게 하시고

외로운 이의 친구가 되게 하시며
소망을 잃은 이에게 소망을 갖게 하시고
사랑이 필요한 이에게 사랑을 알게 하소서
영혼 깊은 곳에서 울려 나오는 찬송이
들꽃 향기처럼 세상에 가득하게 하시고
오늘 저희들 마음이, 행동이, 언어가
그려진 그림들이 잠들 때까지
아름다운 그림으로 아버지께 드릴 수 있도록
진종일 부끄럽지 않은 도우심을 강구케 하소서
이미 지나간 일에 연연 않게 하시고
누군가로부터 받은 따뜻한 사랑과
기쁨을 안겨 주었던 크고 작은 일들이
웃음 가득했던 시간들로 기억하게 하소서
앞으로 다가올 일을 걱정 않게 하시어
불안함이 아니라 가슴 뛰는 설렘으로
두려움이 아니라 가슴 벅찬 희망으로
꿈과 용기를 날마다 뜨겁게 맞게 하소서
더욱 지혜로운 사람으로 살게 하시어
바쁠수록 좀 더 여유를 즐기며

부족할수록 좀 더 가진 것을 베풀며
어려울수록 좀 더 지금까지 이룬 걸 감사하게 하소서
그리하여 삶 이정포가 되게 하시어
지금까지 있어왔던 하루뿐 아니라
남은 생에 새로운 빛으로서
찬란한 등대가 되게 하시어
목사님 설교 때 주여! 주여! 감흥하고서
돌아서면 행동으로 실천 못하는 게 아닌
하나님의 아들딸다운 가치관 살려
만나는 모든 사람들을
하나님께서 바라보는 눈길로
바라볼 수 있게 하시어
그들이 저희들 통해 당신 사랑을 느끼게 하시어
우리교회가 시발점 되어
대전 골골마다 우리 성도님들 칭송 자자로
24년 표어대로 부흥의 불꽃 타올라
예배시간엔 주님의 성전이 성도님들로 하여
콩나물시루처럼 앉을 자리 없게 해 주옵소서
먼 훗날 우리가 걸어온 길 돌아볼 때

그때 우리 삶이 바뀌었노라 말하게 하시어

내일은 오늘보다 더 톡톡 티는 날로

인생에서 가장 눈부신 날 되길

거룩하신 주 예수님 이름 받들어 기도드렸습니다

추억이 감도는 2월

봄소식 알리는 2월
그리운 꿈 싣고
또 하나 시작을 여는
2월인가 보다

양지 바른 시냇가
버들개지 어디선가 웃고
졸졸 흐르는 물
뒷물 훔치는 소리에

까마득 오랜 적
마지막 교문 나서던
댕기머리 길게 내린 누이들
눈물 흘리던 모습

지금도 아직껏 생생히
그리움으로 남아
그 설퍼하던 적 가슴 뭉클 삼삼

인생길
– 장성우 박사를 떠나보내며

돌아보면
보석처럼 빛난 보람된 삶
눈앞 젖어든 순간들
스쳐온 세월 속에
그 많은 자취가 삼삼한 건
아름다운 흐름이야
세월의 흔적만 남기고
떠나는 손짓
온통 눈물 속 반짝이어
나달 향기 따라
한 세상 아로새긴
여운의 바람이 이리 야속할 줄
값지게 살아온
삶의 무게를
어느 뉜들 가볍다 하랴
꿈이 있었기에
두고 간 수많은 발자취
알토란같은 인생길을

　　　　　　　　　　– 2024년 5월 15일

어쩌다 이 비참한 일이
– 이태원 참사 즈음하여

고운 단풍 시월 마지막 주말 밤
핼러인데이 축제에
하늘이 무너지고
땅이 꺼지는 변 이보다 더하랴
못다 핀 꽃들이 무지막지 가다니
뜬금없는 비참한 소식
너희들 지키지 못한 죄책감
입이 열 개라도 할 말 잃은 채
꽃다운 영령 앞에
그저 애처롭고 기막혀
슬픈 눈물에 하늘만 바라보며
미안하단 입막음뿐 무슨 변명 필요하랴
애끓은 슬픔이 다구나
꽃봉오리들이
모처럼 젊음을 즐기기 위해
눈부신 자유 누르기 위한 게
마지막 길 믿기지 않는구나
갑작스레 애처롭게 당한 꽃나이들아
믿을 수 없는 현실 앞에 마냥 통곡뿐이다
못다 이룬 꽃들아
너희들께 도움 못된 후회막급

가슴 후벼 파고 찢어지지만
어이 너희들 참혹함에 비하랴
미리 닦달 못한 탓 거듭 용서를 빈다
젊음의 향기가 넘치는 곳에
그토록 푸르던 너희들께
마른하늘 날벼락도 유분수지
암울한 바람 휘몰아쳐
황당한 낙화가 웬 말이냐
어찌 이럴 수 있단 말이냐
영령이여!
피다 못 핀 꽃이여!
부디 바라고 바라노라
이승에 미처 못 이룬 꿈
천국에선 한껏 영생복락 누리길
두 손 모아 빌면서도
자꾸 어여쁜 모습들이 삼삼해
한없이 섧고 섧다고 할 뿐

– 미래세종일보 2022년 11월 7일

* 2022년 10월 29일 밤 10시 15분경.

굳건한 반석 위에 높은 빛으로
– 海程 서정대 회장님 영전에

어느 해보다 추운 겨울 맞아
혹독하고 매서운 찬바람 불어
움츠린 육신 마음도 앗아
맺힌 울부지음마저 송두리째 삼킨
1998년 12월 11일 우리는
사무치다 흐느낀 슬픈 강물에
넋마저 강물에 떠내려 보냅니다
우리에게 늘 빛과 소금이 되어 주신
회장님의 부음 앞에 막연자실합니다

깊고도 깊은 뜻에 진솔하게만 살다 가신
해정 서정대 회장님 영전에
우리 진정 진솔한 마음 모아
경건하게 머리 숙이고 숙입니다
한평생 조국 평화와 향토 문학 기여에
정열이 넘쳐 솟았고 끈기도 끝이 없어
우리에겐 늘 본보기었습니다

오늘 이 자리가 이젠
우리의 곁을 영 떠나는 이별이라니
복받치는 슬픔 또 강물이 됩니다

인생초로라더니 진정인가 봅니다
남기고 가신 뜨거운 입김 알뜰살뜰 챙겨
투명 중에도 오매불망 못 잊던 문학회를
그 정열 그 끈기 우리가 이어받아
굳건한 반석 위에 높은 빛으로 우뚝 솟을 것입니다

회장님 이제는 제다 말끔 잊으시고
우리의 정성 담은 꽃다발 다발 사뿐 지르밟으시고
하나님의 나라 천당 향하여 가십시오
우리 다 모두 모여 손 모아 빌고 또 빕니다
영원의 나라 천당으로 잘 잘 가십시오

5부

영문 변역 시와 악보

해돋이

갓밝이 기지개 펴고
사뿐 아장아장 걸어오면

누리는 오랜 산고 끝에
새 바램 손님맞이 서둘고

수줍은 듯 붉디붉게
해맑은 얼굴 보시시 들어내면

잠겼던 빗장이 사르르 걷혀
누리는 온통 잰걸음 부산하다

- 문학사랑 2021. 여름호
- 2021년 2월 20일 시와 그리움이 있는 마을(시 마을) 시인의 향기 게재
- 2021년 2월 28일 투데이플러스 게재

Sunrise

Freshly stretched out
If you toddle and walk

The world is after long period of labor pains
New hope. Hurry up and meet the guests

Red, red, like shy
When to show you a bright face, lift it up

The locked latch is coming off.
The world is busy with a rapid step

– 번역 : 장성호 / Trnas. Jang Seong-ho

세월

어이타
이쯤 왔나
어느 뉘 보냈느냐

지나는
바람처럼
매몰찬 너의 행동

오늘도
여니 때 같이
눈 뜬 채로 당하네

할 일은
태산인데
속없이 탓해본들

흰머리
새까맣게
되돌릴 길 없어서

햇살만
퍼 담아 안은
기울어진 빈 술잔

— 대전문학 2021년 겨울호

Time

Hey did you come here
Who did you send

Like a passing wind.
Your cold-hearted behavior.

Today as always
I getting hit with my eyes open

What to do is Taesan
Those who have blamed it heartily

White hair black
There's no way back

With only sunlight
Slanted empty glass

— 번역 : 장성호 / Trnas. Jang Seong-ho

겨울 바다

갈가리 너울 파도
쉼 없는 하얀 눈물

목매인 하소연에
얼마를 더 울어야

임 가슴 마중물 될까
시름겨운 저 안달

A winter sea

A wave full of mane
endless white tears

How much more do
I have to cry for a strangled complaint.

Will it be water for you?
That endless longing

— 번역 : 서재용 / Trnas. Seo Jae-yong

빗소리

고깃고깃 접어놓은
추억이 너무 아려雅麗

그리움 빗장 걸고
촉촉이 스민 한밤

회상만 빗소리 따라
지향 없이 가누나

Sound of rain

crumpled up
It's hard to remember

I'll latch on to my longing
It's a moist night.

Just the sound of rain in my mind
You don't have any direction.

- 번역 : 서재용 / Trnas. Seo Jae-yong

봄맞이

봄 향기에
꽃바람 물씬
마음은 벌써 부자다

봄 햇살에
어찌 꽃뿐이랴
싱글벙글 싹트는 가슴

봄 정기를
천궁*에 실어놓고
희희호호 봄을 캐러 가리다

* 천궁天穹 : 하늘에 펼쳐진 무지개를 비유적으로 이르는 말.

Welcoming Spring

in the scent of spring
be full of a flowery wind

be already rich in heart
in the spring sunshine

How come it's just flowers
a budding heart with the spirit of spring in the sky enjoy spring with joy and sorrows of spring.

– 번역 : 서재용 / Trnas. Seo Jae-yong

단풍은

사람의 눈 사로잡아
머물게 하는
오색 아리따운 빛깔이다

가는 가을 끝자락
오는 겨울에 쫓겨 가는
마지막 불길의 향연이다

소슬바람에
푸름을 되새김하는
그리움의 하소연이다

Fall foliage is...

catch a person's eye

staying

be beautifully colored

The end of autumn

Who going to be chased

It's the feast of the last spring road

a gentle breeze

Reflecting on the greenness

It's a cry of longing.

— 번역 : 서재용 / Trnas. Seo Jae-yong

봄은 진정 이풍경

온 누리
신떨음[1]에
꽃바람 널브러져

실다운[2]
남북 만남
설렘의 사랑타령[3]

푸른 꿈
참사랑 되어
하늘 높이 앞차라[4]

1) 신떨음 : 신이 나는 대로 실컷 함.
2) 실답다 : 꾸밈이나 거짓이 없이 참되다.
3) 사랑타령 : 다른 일은 다 제쳐 놓고 오로지 사랑만 원하거나 찾는 일을 비유적으로 이르는 말.
4) 앞차다 : 앞을 내다보는 태도가 믿음직스럽고 당차다.

* 2018년 4월 27일 남북 판문 선언

The true other scenery of spring

The whole universe, to Sinddearum[1)]
A flower breeze is spread out

Sildawn[2)] of South-North meeting
Sarangtaryung[3)] with throb

A blue dream become true love
High upon of the sky, Apchara[4)]

― 번역 : 장성호 / Trnas. Jang Seong-ho

1) Sinddearum : Get elated enjoy to the full.
2) Sildawn : It is true without a shape or false.
3) Sarangtaryung : All other things aside, only love It is a parable of what want or seek.
4) Apchada : It is trustworthy attitude to look ahead.

* April 27, 2018 South-North Panmoon Declaration

though

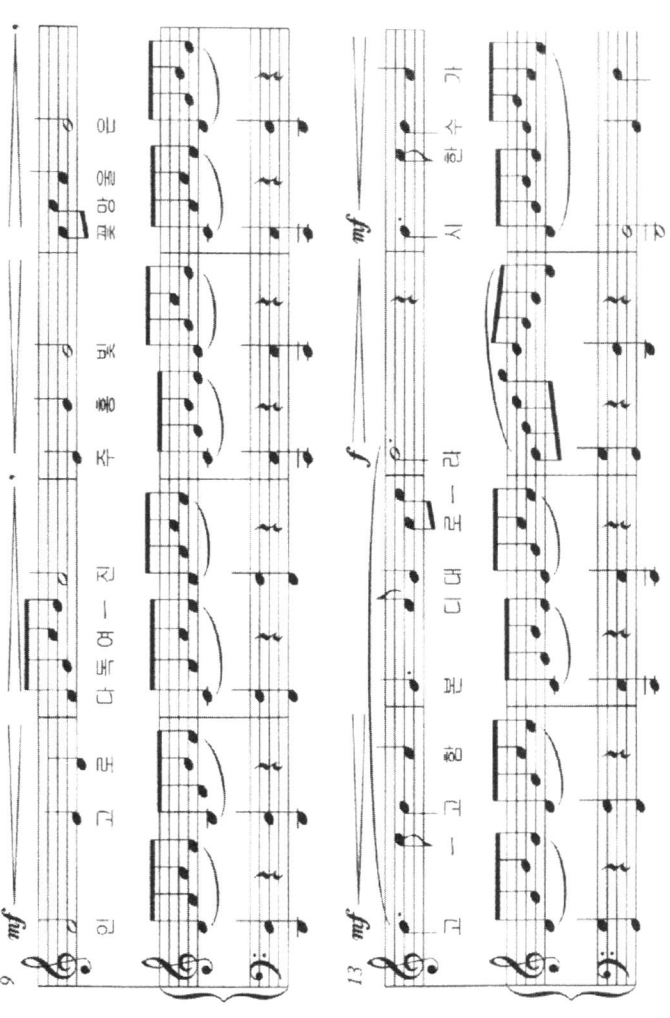

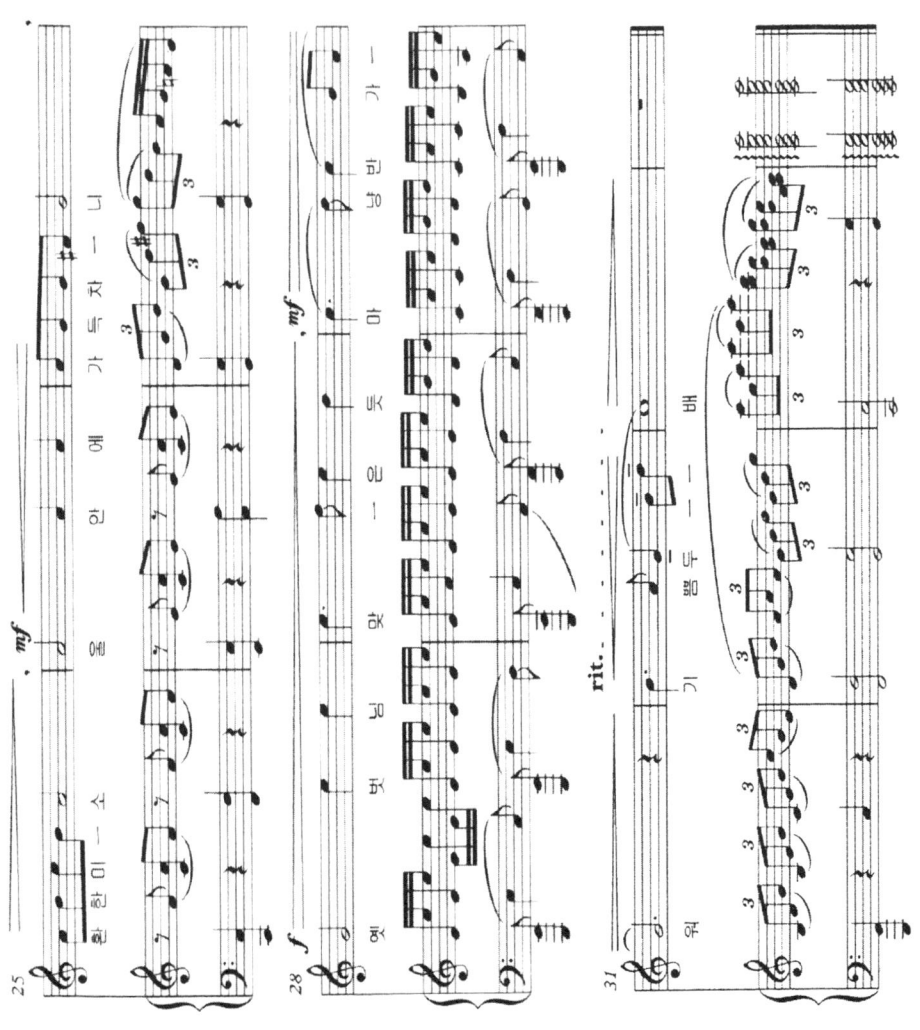

해바라기 연가

작사 : 채홍정
작곡 : 오선율

Moderato

한여름 밤 그리움

작사 : 채홍정
작곡 : 오선율

♩=96

희 어 미 머 한 니 초 불 달 게 이 에

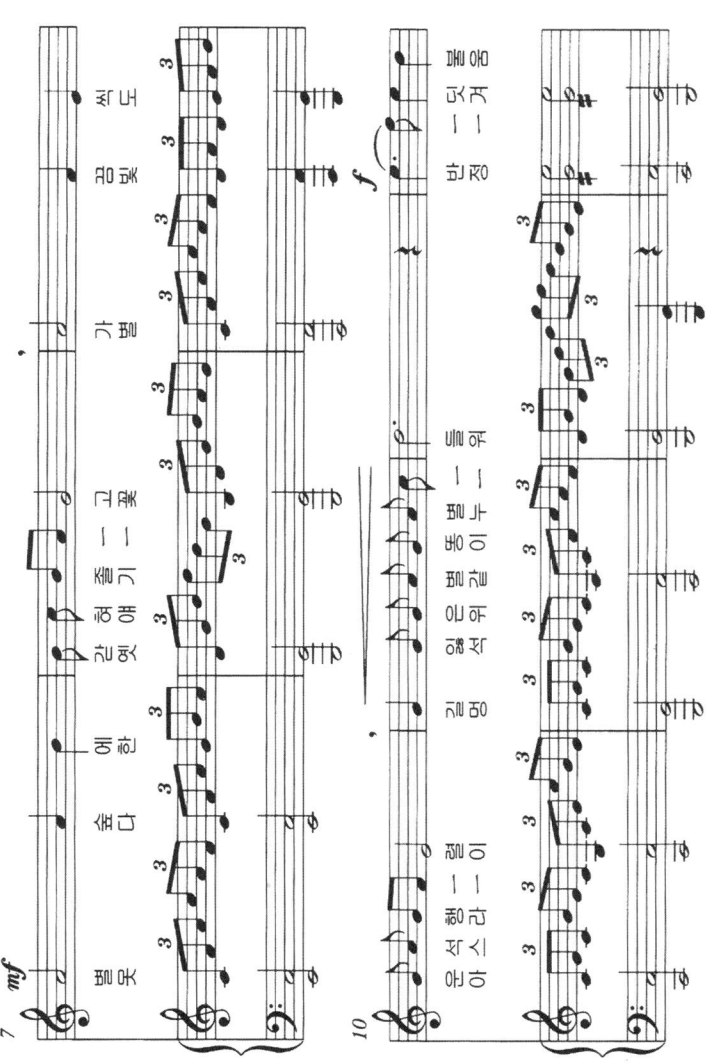

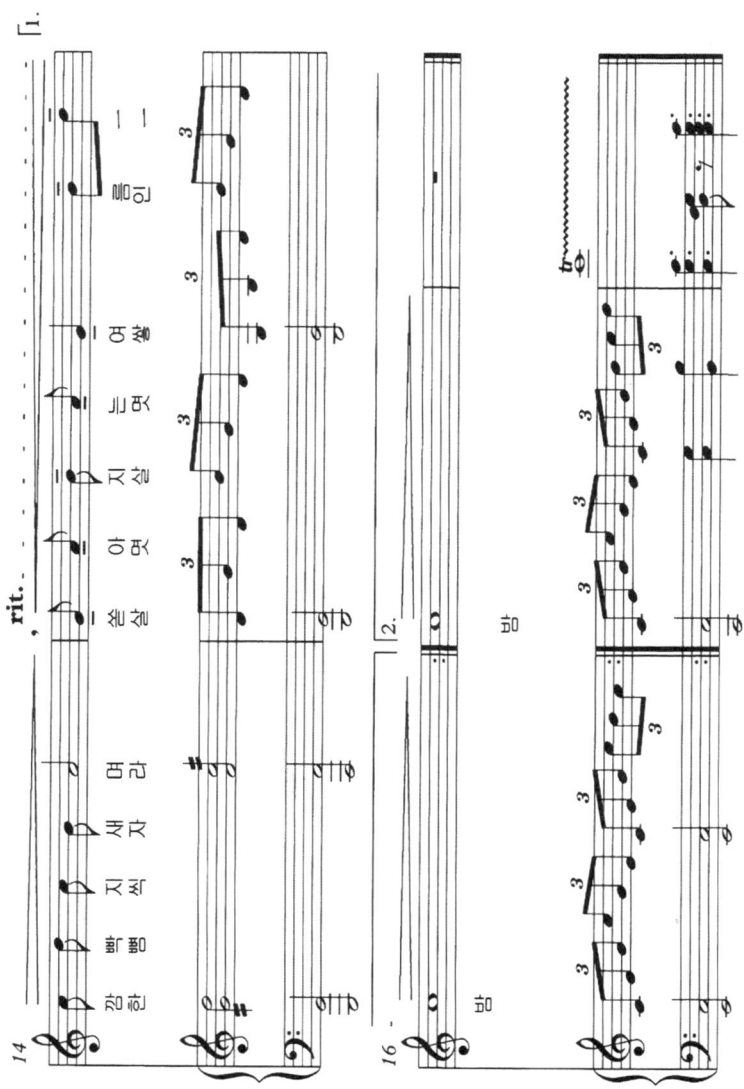

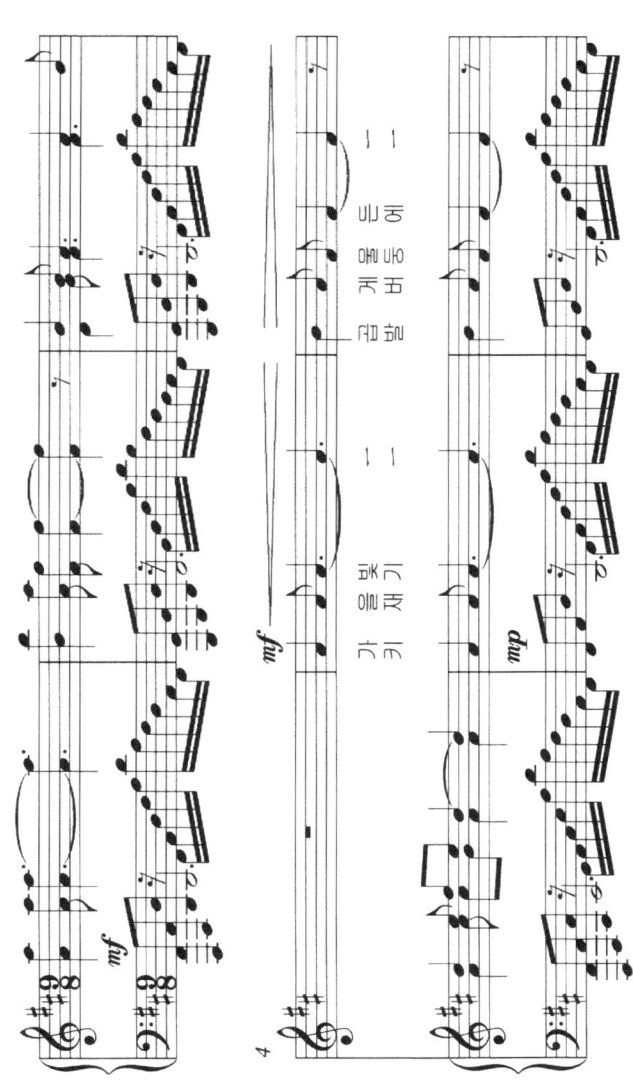

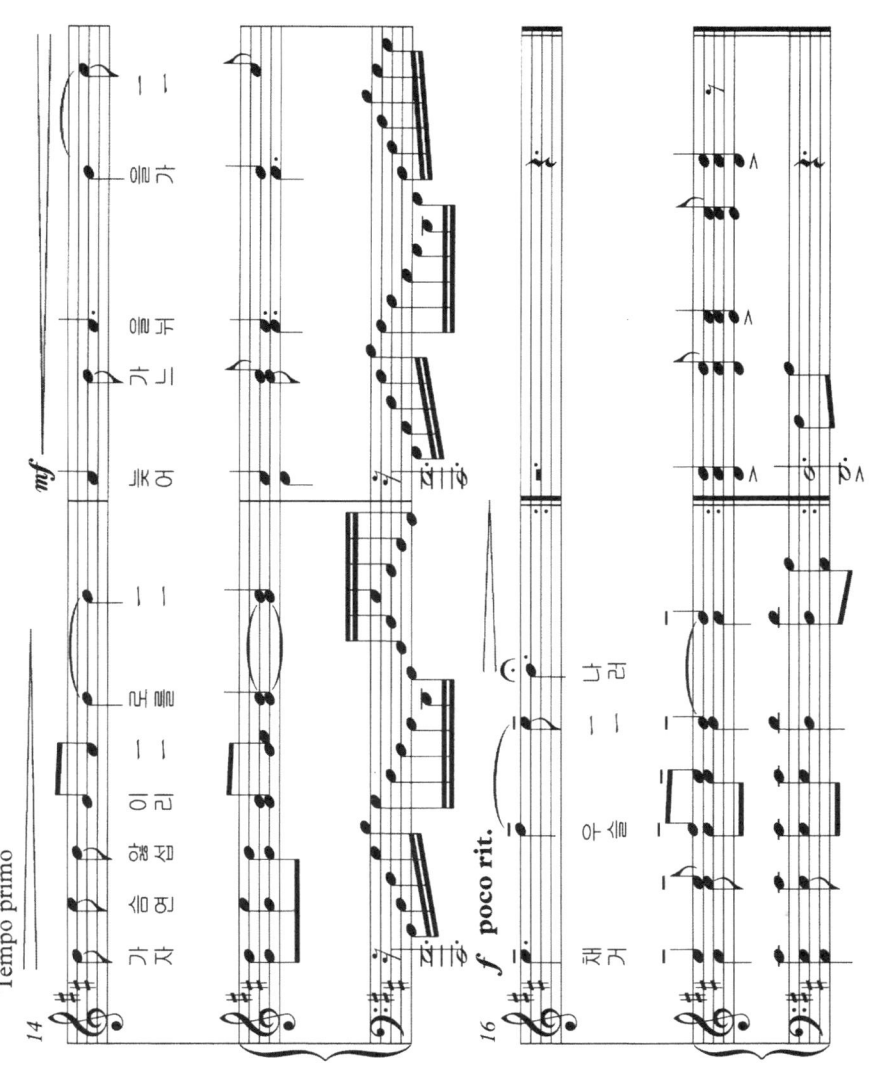

12월의 끝자락

작사 : 채홍정
작곡 : 오선율

Andantino (♩=88)

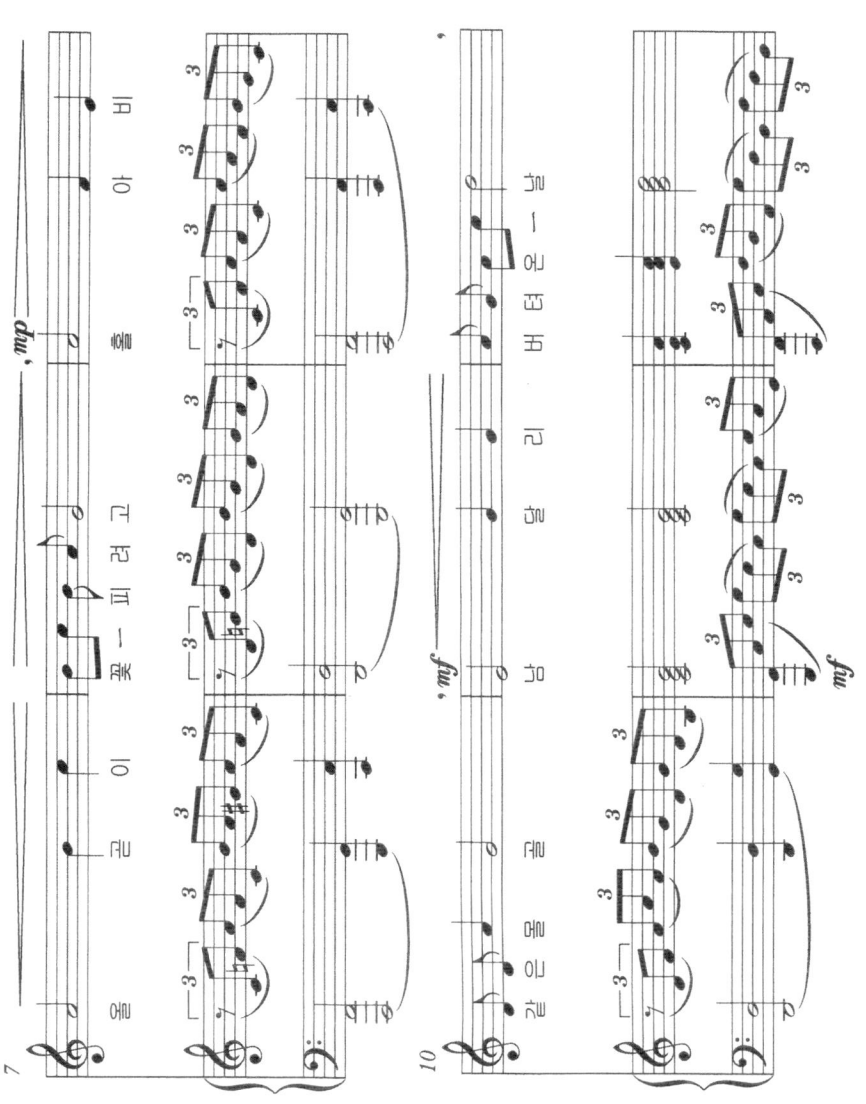

지은이의 발자취

지은이의 발자취

출생지는 일본국 대단 부중하내군선촌서적426번지다. 돌 전 할머니 병환 위독에 어머님과 귀국하여, 중학교를 고향에서 다녔고, 대구에서 나머지 학교를 다녔다. **동신양행(주)**사보 편집출판 주관 5년(1960-1965), 삼상기계제작소 **연사기 수동을 반자동 개발** 성공(1965), (주)선광알미늄 현대자동차 국내 처음 승용차 **원통형 헤드라이트를 4각 헤드라이트** 개발 성공(1967), 성광공업 어린이 세발자전거 **비행기 모양 뒤 발판** 개조 성공(1968), 삼양금형 제작소를 경영하면서 (주)화랑금속 **장난감 곰, 개 옷 재단 가공공정 98% 성공**(1970), (주)국제세루로이드 **여자 머리핀 가공공정 90% 성공**(1971), **시력검안경** 국산 개발 성공(1972), **야전삽** 국산 개발 성공(1972), **이동식그네, 자전거통페달** 실용신안 특허 출현(1973), **우주전자(주)**기술부장 **1차도일**(1976), **동선기연(주)**이사 겸 공장장 **2차도일**(1979), **자동차부품 납품공장**(현대, 기아, 대우) 삼양(주) 1979, 일본과 기술제휴에 박정희 대통령 저격 뒤 광주민주화운동 전국 확산 시위로 오늘내일 모르는 시국에, 플라자 호텔에 장기 투숙하던 일본인(다끼무라 회장)이 말 한마디 없이 일본으로 출국에 닭 쫓던 개 울 쳐다보듯 고

통의 위경에 결실 못 맺고 1983, 대전 정착, **한맥문학** 등단(1996), **주민자율전시대**(2015) 시인동인회와 복수 동주민센터와 운영 협약서로 대전과학기술대 정문 맞은편 문인(10여 명)의 상설시화전 4년 간 2019, 건물 신축에 철거, 해정문학회자문위원4년(1998-2002), 시도동인회감사8년(1999-2007), 국제펜한국본부대전광역시위원회감사3년(2018-2020), 한국시단회원12년(1996-2008),

현재 한국문인협회 및 대전광역시지회, 국제펜한국본부 및 대전광역시위원회, 한글학회 회원, (사)문학사랑협의회운영이사, 한국시조협회대전광역시지회이사, 대전문인총연합회, 가람문학회회원, 미래세종일보논설위원, 蔡氏중앙종친회사업위원장, 仁川蔡氏종친회이사, 다문화문학회, 천보문화탐방회자문위원, 관저복지관푸른대학고문,

시집『홀로 기다리는 순간들』외 4권, **시조집**『한여름밤 그리움』, **편저**『새 속담사전』『신 고사성어』『익은말 큰 사전』『순우리말 대 사전』, **소설**『돌아온 원점』, 『문학의 해』애향작품 수필부문최우수수상(1996), 자원봉사자상수상(박성호 대전시장 2009), 한국SGI문화평화

상수상(2011), 국제펜한국본부대전광역시위원회 대전 펜문학상수상(2018) 외 여러 문학상수상 다수, 한국인력개발원수기최우수상수상(2020), 한글유공자표창장수상(허태정 대전시장 2021), 평화대사위촉장(2022), 蔡氏 家門빛낸인물문학상수상(2023),

충청일보 詩『들새라 들에서 사네』(2003), **월간 시사 저널 (주)청풍** 시조『농익은 낙엽 합창』(2014), 詩『사랑하며 섬기며』((2017), **현대사의 주역들** 국가상훈편찬위원회 프로필(2015), **환경부 선정** '비단물결 금강 천리트레킹' 등록 시조『벗란 한지마을』(2016), **충청 매거진** 시조『한여름 밤 그리움』(2017), **영문대표작선집** 제04회 세계한글작가대회기념 남북 판문점회담 시조『The true other scenery of spring(봄은 진정 이풍경)』(2018), **문경문원聞慶文苑 9**, 시조집『한여름 밤 그리움』내용 수록(2019), **금강일보** 詩『봄맞이』『새봄은 오는데』『봄비』외 11편, 칼럼『아름답게 늙는다는 건 축복이다』『황혼 배낭을 가벼이 하자』외 5편, **중도일보** [문예공론]『산수(傘壽)를 넘어 서니』외 2편, **한국현대시조대사전**『한여름 밤 그리움』『안압지 야경』외 8편, **오선율 작곡 악보**『군자란』외 4악보 인터넷 실림, **대전일**

보에『순우리말 대사전』출간, 소설『돌아온 원점』출간, **투데이플러스** 한글유공자 대전시장표창장수상기사(2009), 詩『해돋이』『잡초』『사노라면』외 수십 편, 사전 4권과 시집 시조집 책 표지 사진과 간략한 프로필 광고 홍보(2023, 07월 1개월), **미래세종일보**에 특별기고『설의 뜻과 변천사』『감사가 준 기적』외 5편, 칼럼『진정한 식구가 무색해지는 현실』『자아완성』외 7편, 詩『봄의 세레나데』시조『문경 새재』외 수백 편, **뉴스1코리아**에 특별기고『가없는 어머니의 사랑』등 2편, 대전문학관 주관 **아카이빙 CMB 방송(12채널)** 문학의 향기 채홍정 시인 동영상(2023), **유튜브**『순우리말 대사전』시조『빗소리』'문학의 향기' 채홍정 시인 동영상, **투데이플러스**에『순우리말 고운 말과 속담 나들이』**매주 월요일**(2020, 09, 22, ~ 현재) **235회** 연재 중, **미래 세종일보**에『일상생활 활용 속담과 익은말 나들이』**매주 금요일**(2022, 02, 04, ~ 현재) **159회** 연재 중임,

/ 표지그림 /

공(空) - 고(孤) / Space - solitude

India ink, Color on Korean Paper, 24x34cm, 2000, Private collection, You Sek-yoo

윤애근 _ 晶山 尹愛根

중앙대학교 회화과 졸업. 홍익대학교 대학원 졸업. 전남대학교 예술대학 학장 및 예술연구소 소장 역임. 국립현대미술관 초대작가. 서울시립미술관 초대작가. 광주시립미술관 올해의 작가전 외 개인전 23회

국제PEN한국본부
창립70주년기념 시인선 25

홀로 기다리는 순간들

저자 **채홍정**

기획·제작 **국제PEN한국본부**

발행일 2025년 2월 20일
발행처 기획출판오름
발행인 김태웅
등록번호 동구 제 364-1999-000006호
등록일자 1999년 2월 25일
주소 대전광역시 동구 대전로 815번길 125
전화 042-637-1486
e-mail orumplus@hanmail.net

ISBN _ 979-11-94471-02-8

값 12,000원

· 본 책 내용의 전부 또는 일부를 재사용하려면 반드시 저자의 동의를 얻어야 합니다.
· 지은이와의 협의에 의해 인지는 생략합니다.